DE F. Buisson

★E Pièce
440

XXme Congrès Universel de la Paix à La Haye, août 1913.

PROJET

D'UN

TRAITÉ INTERNATIONAL

POUR LA

LIMITATION DES ARMEMENTS

PROPOSÉ PAR LE

Dr L. QUIDDE

AF243107

Projet d'un Traité international pour la limitation des armements.

Proposé par le Dr. L. *Quidde.*

Les Souverains et Gouvernements soussignés, inspirés du désir de développer le bien-être moral et matériel des peuples, conformément à la résolution de la Première Conférence de La Haye 1899, ont conclu aujourd'hui, provisoirement et pour un temps limité, le traité suivant relatif à la limitation des armements de l'armée et de la marine.

Iʳᵉ PARTIE.

Limitation des dépenses pour les armements.

Article premier. — Les Puissances contractantes reconnaissent et déclarent que l'état normal actuel de leurs dépenses pour une année, en y comprenant aussi bien les dépenses ordinaires que les dépenses extraordinaires, permanentes et transitoires, exception faite cependant des dépenses réellement extraordinaires, par exemple celles servant à réparer les pertes éprouvées dans une guerre ou d'autres buts similaires, est le suivant :

(Suit la statistique :)

Pays par ordre alphabétique.	A. Armée.	B. Marine.	C. Retraites et pensions.	Totaux.

A ces dépenses s'ajoutent celles pour la défense des colonies, des protectorats ou autres territoires dépendant d'un des Etats contractants :

Pays par ordre alphabétique.	Dépenses supportées par les Etats contractants		Dépenses supportées par les colonies mêmes.		Totaux.
	D. Armée.	E. Marine.	F. Armée.	G. Marine.	

Art. 2. — Les Puissances contractantes s'engagent pendant toute la durée de ce traité à ne pas dépasser, dans les budgets annuels, les sommes destinées aux armements telles qu'elles sont énumérées à l'article premier. Toutefois, il est admis que les différentes dépenses énumérées dans les deux tableaux ci-dessus pourront être majorées jusqu'à concurrence du 5 %, à condition que le total ne soit pas dépassé.

Art. 3. — La limite établie par le présent traité ne s'applique pas aux dépenses qui, pendant les années énumérées ci-après, peuvent être consacrées par les Etats énumérés ci-après à des entreprises temporaires, par exemple à l'accomplissement d'un programme en cours et au rétablissement des armements détruits par la guerre. Ces restrictions correspondent aux exceptions stipulées à l'article premier.

(Suit l'énumération exacte des différents Etats et leurs dépenses annuelles.)

Ces sommes ne peuvent être dépensées que pour les destinations ci-dessus fixées et non pour d'autres armements.

Art. 4. — La limite établie par le présent traité ne s'applique pas non plus aux dépenses servant exclusivement à réprimer des insurrections dans les colonies ou à se défendre contre des voisins non compris dans ce traité.

Ne peuvent être portées sur l'état de ces dépenses que celles destinées aux troupes de terre et jamais celles pour la flotte de guerre.

Art. 5. — Pendant la durée du présent traité les Puissances contractantes ne mettront ni en construction ni en service aucun cuirassé dépassant .... tonnes.

Ils limitent en outre le nombre des cuirassés du plus grand modèle (de ... tonnes et plus) comme suit :

L'Allemagne à...

Les cuirassés destinés à remplacer les anciens ne seront mis en chantier que .... années après leur entrée en service.

Art. 6. — Les Puissances s'engagent à se conformer loyalement à l'esprit de ce traité et à s'abstenir d'en éluder les dispositions. Les articles 7 à 9 délimitent les opérations permises ou prohibées.

Art. 7. — Les dépenses faites au profit des forces militaires, non inscrites dans le budget de l'armée, de la marine ou des pensions, mais portées sur d'autres budgets ou imposées à d'autres organisations, par exemple aux municipalités, peuvent être continuées conformément aux règles établies. Elles restent en dehors des dépenses limitées par le présent traité.

Sont comprises parmi celles-ci les dépenses pour le recrutement militaire, l'organisation, la mobilisation, les subventions allouées aux exercices militaires de la jeunesse, à la remonte, etc., pour autant que ces dépenses sont inscrites dans le budget civil.

Art. 8. — D'autre part des dépenses de cette nature qui seraient portées à nouveau sur ce budget ou imposées à d'autres organisations, seront imputées sur les dépenses limitées.

Sont comprises dans cette catégorie, les donations faites en faveur des armements par des particuliers, les souscriptions, etc.

Art. 9. — Les Puissances contractantes s'engagent à ne faire construire d'aucune façon (que la commande soit faite à une maison privée ou à une nation alliée) des vaisseaux de guerre autres que ceux prévus dans les dépenses autorisées par le traité.

Il est aussi entendu qu'aucune puissance contractante ne peut vendre des vaisseaux de guerre à une autre Puissance sans l'assentiment de toutes les Puissances contractantes.

Si une guerre éclate alors qu'un pays bélligérant a des vaisseaux de guerre en chantier pour un pays étranger, il ne lui est pas permis de s'emparer de ceux-ci pour s'en servir.

Art. 10. — Si les dépenses faites par une Puissance pour ses armements et admises par le traité n'ont pas atteint, une certaine année, le montant prévu, elles peuvent être reportées sur une des deux années suivantes jusqu'à concurrence du 5 % du montant du budget, à la condition que jamais le montant annuel des dépenses pour les armements ne dépasse de plus de 5 % le maximum admis par le traité, ni dans leurs totaux ni pour l'une ou l'autre des colonnes A à G.

Art. 11. — Si une des Puissances contractantes prend des mesures pour améliorer la situation financière des officiers, soldats ou marins, actifs et retraités ou de leurs familles, sans que par cela il en résulte une augmentation des armements, le surplus de dépense ne doit pas entrer en ligne de compte pour les sommes limitées par le traité.

Il n'est ainsi pas permis que des économies faites au préjudice de ces personnes soient déduites des dépenses autorisées par le traité.

IIme PARTIE.

Règles complémentaires.

Art. 12. — Les Puissances contractantes éviteront pendant la durée de ce traité de changer les garnisons de leurs troupes et les stations de leurs vaisseaux de guerre.

Si pourtant elles devaient se voir obligées pour des raisons quelconques à faire ces changements, elles en feront part, six mois d'avance, à toutes les Puissances contractantes, et elles prendront en considération amicale leurs objections.

Art. 13. — Si l'une des Puissances contractantes déclare que telle mesure de ce genre équivaut pour elle à une augmentation d'armements, et qu'elle n'est pas en état d'y répondre sans augmenter ses propres dépenses militaires, la question de savoir si la dite mesure est admissible — vu le but du traité — ou si l'on doit permettre à la Puissance opposante d'augmenter ses dépenses, doit être soumise à l'arbitrage selon les prescriptions de la IIIme partie du traité.

Art. 14. — Il en est de même de la construction de chemins de fer stratégiques importants, qui changeraient le rapport des forces militaires entre deux Puissances. Les art. 12 et 13 y seront applicables.

IIIme PARTIE.

Du recours à l'arbitrage pour les contestations relatives au présent traité.

Art. 15. — Considérant que l'application de ce traité, en raison de sa nouveauté et des nombreuses difficultés d'exécution qui s'y rattachent, pourrait, malgré les meilleures intentions des intéressés, soulever des controverses pour lesquelles il faut prévoir une solution impartiale, les Puissances contractantes instituent une cour spéciale permanente d'arbitrage chargée de régler tous les litiges qui pourraient surgir.

Art. 16. — Elles déclarent de même qu'elles ne considéreront jamais comme un acte peu amical une objection soulevée par une des Puissances contractantes contre des mesures prises par une autre Puissance qu'elle considère comme contraires au traité, ni la proposition de porter le litige devant la cour d'arbitrage.

Art. 17. — La Cour se compose de trois Chambres.

Chambre I pour les dépenses concernant les armées de terre.

» II pour celles concernant la flotte.

» III pour les dépenses concernant marine et terre combinées et dépenses coloniales.

Chaque Chambre a un président et un vice-président. Les trois présidents forment la Présidence de la Cour; ils alternent chaque année dans la première présidence.

Art. 18. — Les membres de la Cour de justice sont nommés comme suit. Les huit Puissances

l'Allemagne,
les Etats-Unis d'Amérique,
l'Autriche-Hongrie,
la France,
la Grande-Bretagne,
l'Italie,
le Japon,
la Russie,

nomment chacune un membre pour chacune des trois Chambres. Les autres Puissances contractantes nomment chacune *un* membre.

En même temps un suppléant est nommé pour chaque membre.

Art. 19. — Les présidents et vice-présidents des trois Chambres sont nommés par les gouvernements

de la Belgique,
du Danemark,
de la Norvège,
des Pays-Bas,
de la Suède,
de la Suisse,

de manière que la Belgique et la Suède nomment ensemble ceux de la 1re, la Norvège et les Pays-Bas ceux de la 2me, le Danemark et la Suisse ceux de la 3me Chambre.

Si les deux gouvernements chargés ensemble d'une nomination commune ne peuvent s'entendre ,le sort désignera lequel des deux élus sera président ou vice-président.

Art. 20. — Les trois Chambres se composent, outre le président et le vice-président, d'un membre de chacun des gouvernements suivants :

l'Allemagne,
les Etats-Unis d'Amérique,

l'Autriche-Hongrie,
la France,
la Grande-Bretagne,
l'Italie,
le Japon,
la Russie,

Les autres membres de la Cour sont désignés par la Présidence.

Art. 21. — Les membres de la Cour permanente ne peuvent être choisis que parmi les personnalités d'une compétence reconnue dans les questions de droit international, jouissant de la plus haute considération morale et disposées à accepter les fonctions d'arbitre.

Art. 22. — Les membres de la Cour sont nommés pour la durée du traité et ne peuvent être révoqués sans leur consentement. Dans le cas d'infirmités qui les empêcheraient de remplir leurs fonctions, leur consentement peut être alors remplacé par une décision de la Cour réunissant les trois quarts des suffrages.

Dans l'exercice de leurs fonctions au dehors de leur pays les membres de la Cour jouissent des privilèges et immunités diplomatiques.

Art. 23. — Les membres s'engagent à ne juger qu'en toute objectivité et selon les principes du droit et de l'équité, sans se laisser influencer par la considération des intérêts particuliers de leur pays, et à repousser tout appel fait à de prétendus devoirs patriotiques, comme toute perspective d'avantages ou toute menace.

Cet engagement sera pris en séance publique par tous les membres et plus tard par chaque membre nouvellement installé, devant la Cour réunie.

Art. 24. — Les Puissances contractantes déclarent assurer aux membres de la Cour pleine et entière liberté dans leurs décisions et s'abstenir d'exercer sur eux aucune influence.

Elles assurent en même temps aux membres qu'elles ont nommés, en outre de leur traitement, la faculté de reprendre dans les mêmes conditions les postes occupés par eux avant leur nomination. Elles leur accorderont, s'ils n'ont pas occupé de position officielle, une pension égale aux $^2/_3$ de leur traitement.

Art. 25. — Le siège de la Cour est La Haye. Ses membres et leurs suppléants sont tenus d'y résider (ou dans les environs immédiats).

Art. 26. — Les Chambres prennent toutes leurs décisions en séance plénière.

Les membres appartenant à l'une des nations dont les intérêts sont en litige peuvent également prendre part au vote.

Les membres suppléants assistent à toutes les séances avec voix consultative.

Art. 27. — Lorsqu'un litige concerne un pays auquel appartient le président de la Chambre compétente, celui-ci remet la direction des débats à son vice-président; si ce dernier est dans le même cas, la cause passe à une autre Chambre et cela de manière à ce que les Chambres I et II soient remplacées par la Chambre III et la Chambre III par I ou II.

Art. 28. — La Présidence fixe des vacances de deux mois par an.

Pour l'expédition des causes urgentes, on établit une Chambre de vacances qui sera composée de préférence de membres suppléants ayant pris leurs vacances à une autre époque.

Si une cause a été soumise à la Chambre pendant les vacances, elle sera traitée par elle dès la rentrée.

Art. 29. — Si l'une des Puissances contractantes conteste quelque mesure ou quelque méthode de calcul d'une des Puissances contractantes, elle doit porter plainte devant le tribunal. La plainte contiendra la proposition du plaignant avec motifs à l'appui.

En même temps le gouvernement plaignant désignera un ou plusieurs agents avec pouvoir de chargés d'affaires plénipotentiaires à l'effet de défendre oralement la plainte.

Art. 30. — Sitôt la plainte présentée, la Présidence décide, dans le délai d'une semaine au plus, à quelle Chambre la question sera soumise.

Art. 31. — Le président convoquera la Chambre à laquelle la plainte a été remise dans les huit jours au plus tard.

Art. 32. — Dans cette séance, un délai sera assigné à la Puissance défenderesse pour répondre par écrit à la plainte et envoyer ses agents pour sa représentation personnelle auprès du tribunal.

Le délai doit être mesuré de manière que l'Etat défendeur ait le temps de préparer sa réponse; il ne doit toutefois pas être exagéré.

Pour les questions concernant l'Europe, le délai ne doit pas en règle générale dépasser un mois. Quant à celles pour l'examen desquelles il est nécessaire de se procurer, d'autres contients, des documents, le délai sera prolongé.

Art. 33. — Dans la même séance, la Chambre nommera une commission composée de trois membres, qui ne devront ni appartenir à la nationalité de l'Etat plaignant ou de l'Etat défendeur, ni être nommés par l'un ou l'autre.

Cette Commission devra étudier le cas, et en préparer la solution.

Art. 34. — La partie plaignante pourra, dans cette séance, réclamer une solution conditionnelle et provisoire.

La Commission constituée par la Chambre pour cet examen préparatoire devra, dans l'espace d'une semaine, décider si et à quel point l'on peut faire droit à cette demande.

Cette décision conditionnelle a l'effet d'un ajournement. Elle ne préjugera en aucun cas la sentence.

Art. 35. — Le jugement sera rendu dans la règle au plus tard dans les trois mois à partir de l'expiration du terme fixé à la partie défenderesse pour répondre à la plainte.

Ce délai ne pourra être prolongé que du consentement des deux parties.

Art. 36. — Les débats sont publics. La Chambre délibère à huis clos.

La Chambre et les deux parties sont libres, si elles le jugent utile, d'inviter des experts à assister aux débats.

La Chambre a le droit de convoquer à ses délibérations des experts ayant voix consultative. Chacune des parties est autorisée à nommer trois experts qui auront également voix consultative.

Art. 37. — Les parties plaideront dans la langue qu'elles voudront; au besoin, des interprêtes seront désignés.

La sentence doit être rédigée en français. Elle sera traduite officiellement pour le jour où elle sera prononcée, dans chacune des langues nationales que les parties désigneront. En cas de divergences des textes, le texte français fera loi.

Art. 38. — La sentence est prononcée en séance publique et remise par écrit aux parties.

Elle contient les motifs de fait et de droit.

Art. 39. — Les sentences sont publiées dans un organe officiel désigné par la Cour.

Art. 40. — Chacune des deux parties peut faire appel, dans le délai d'un mois, devant la Cour plénière.

La procédure à suivre par la Cour plénière se règle d'après les prescriptions des articles 29-39.

Art. 41. — La Cour plénière en instance d'appel est présidée par celui des présidents de Chambre qui sera en fonction le jour où l'appel sera présenté, à moins qu'il n'appartienne à la Chambre contre le jugement de laquelle appel est interjeté. En ce cas, le président de la 1re Chambre sera remplacé par celui de la 2me, celui de la 2me par celui de la 3me, celui de la 3me par celui de la 1re.

Si le président désigné de cette manière se trouve appartenir à l'un des Etats en litige ou avoir été nommé par l'un de ceux-ci, il sera remplacé par son suppléant.

Si celui-ci est empêché à son tour par les mêmes motifs, la direction des débats incombera, conformément aux prescriptions du paragraphe précédent, au président d'une autre Chambre, éventuellement au suppléant de celui-ci.

Art. 42. — Les principes exprimés par chaque Chambre pour la solution d'un cas la lient pour les cas subséquents, aussi longtemps qu'ils n'ont pas été modifiés par une décision de la Cour plénière.

Art. 43. — Si une Chambre, en présence d'un cas nouveau, éprouve quelque hésitation à appliquer les principes exposés par elle auparavant, elle peut d'elle-même en appeler à la sentence de la Cour plénière.

De même chaque Chambre a le droit, si en traitant un litige elle éprouve quelque scrupule à suivre une décision de la Cour plénière, de provoquer une nouvelle décision de celle-ci.

Il n'y a point d'appel contre les décisions de la Cour plénière rendues de cette manière en première instance.

Art. 44. — Si des principes exprimés dans une précédente sentence sont abolis par une décision de la Cour plénière, chaque partie a le droit de demander également la revision de l'affaire précédente.

Cette demande de révision sera traitée, selon les prescriptions des art. 29—41, comme une plainte nouvelle.

Art. 45. — A moins que les art. 29—44 n'en disposent autrement, les prescriptions de la convention pour le règlement pacifique des conflits internationaux dans la forme des art. 63—80 de l'année 1907, seront appliquées dans la procédure devant la Cour.

Art. 46. — Les traitements des trois présidents et des trois vice-présidents seront fixés par décision des Puissances contractantes. Si elles n'arrivent pas à s'entendre, les huit Puissances autorisées à déléguer trois juges décideront, sur la proposition des six gouvernements qui nomment les présidents. Au cas où une décision de majorité ne peut être prise, la somme inférieure sera admise.

Les taritements des autres juges de la Cour sont fixés par le gouvernement de chacun des pays qui les a nommés. Les Puissances contractantes doivent viser à ce que les traitements soient aussi égaux que possible.

Art. 47. — La Présidence de la Cour choisit le personnel, fixe les traitements, et décide les frais généraux.

Art. 48. — Pour ce qui concerne l'administration et l'organisation financière, le gouvernement des Pays-Bas nommera un commissaire, qui sera aux ordres du président, et pour le reste sous le contrôle du Conseil administratif de la Cour de La Haye (Convention de La Haye 1907, art. 49).

La vérification des comptes sera confiée à la Cour des comptes des Pays-Bas.

Art. 49. — Les frais de la Cour seront couverts de la manière suivante : chaque Etat payera les traitements des juges choisis par lui; ceux des présidents et des vice-présidents, de même que toutes les autres dépenses, seront supportés par toutes les Puissances contractantes, dans la proportion établie pour le Bureau International de l'Union postale Universelle.

Art. 50. — Les Puissances contractantes devront déposer entre les mains du commissaire, dans le délai d'un mois après la signature du traité, une somme de 10,000 fr. pour chacun des juges nommés par elles : les huit Puissances mentionnées à l'art. 18, 30,000 fr.; toutes le sautres 10,000 fr.

IVme PARTIE.

De l'entrée en vigueur et de la durée du traité.

Art. 51. — Le présent traité entrera en vigueur à partir d'aujourd'hui, sans qu'il ait à attendre d'autre ratification; il lie les gouvernements, sous la réserve toutefois que toutes les Puissances concluant ce traité seront libres de se retirer, dans le cas où l'un des Etats contractants se verrait refuser les ratifications du Parlement prévues dans sa Constitution.

Les effets du présent traité grèvent l'année budgétaire en cours de chaque Etat contractant.

Art. 52. — Il ne peut être dénoncé pendant l'année en cours et les cinq années suivantes.

Art. 53. — Si avant la fin de la 5me année, soit un an avant la fin de la validité, le traité n'a pas été dénoncé, il reste en vigueur pour six nouvelles années, à la condition que les dépenses autorisées par l'art. 1 pour les armements seront réduites du 5 % pour les six nouvelles années.

Cette disposition s'appliquera chaque fois à la fin d'une nouvelle période du présent traité, à la condition que chaque fois les dépenses d'armement permises en seront diminuées de 5 % par rapport à la limite précédente en vigueur.

Art. 54. — Si une des Puissances contractantes dénonce le traité, ce qui doit être fait au plus tard une année avant le terme de la validité, ce fait entraîne la caducité pour toutes les Puissances contractantes.

Celles qui désireront continuer leur accord devront conclure un arrangement spécial.

Art. 55. — Si l'une des Puissances contractantes refuse pendant la durée du traité de se soumettre à une sentence de la Cour, chacune des autres a le droit de dénoncer sans délai le traité et cela même pendant la période dans laquelle il est en vigueur, ce qui entraîne sa caducité pour toutes les Puissances sous réserve du droit de conclure un nouvel accord.

BIBLIOTHEQUE NATIONALE DE FRANCE

3 7531 016273196

www.ingramcontent.com/pod-product-compliance
Lightning Source LLC
Chambersburg PA
CBHW051314050726
47595CB00008B/3541